땀이 눈물보다 짜서

땀이 눈물보다 짜서

김
영
서

시
집

삶창

시인의 말

입 밖으로 나가는 말은 말씀이 된다

쓰임새가 된다는 말이다

빚어낸 시어는 더욱 그러할 것이다

다섯 번째 시집이다

다 털어 내놓고 다시 시작하기로 했다

고맙다 나의 말씀이여

더 야물어진 말씀을 기다리기로 했다

차례

시인의 말 / 5

1부　　하늘에 점으로 기억되고 있었다

별 / 12
중독되었다 / 13
암호 / 14
사람에게서 / 16
메두사 / 18
놓치는 것들 / 20
두통 / 22
집착의 주기 / 24
오늘 같은 날 / 26
꼴등이 / 28
구름 위를 걷는 여자 / 30
경로당 풍경 / 32

2부　　빗장을 열어주는 이가 있었다

개나리 / 34

시시한 명절 / 36

누가 주문했을까 / 38

나무는 단단했다 / 40

빨대 / 42

지혜로운 시간 / 44

신전을 허물었다 / 46

단무지만 같아라 / 48

졸음에 대한 자의적 해석 / 50

귀 막힌 소리 / 52

손 뿌리치기 / 54

긴팔 / 56

3부　　**한 수 배우기로 했다**

가끔은 그렇다 / 60

허방에 빠지다 / 62

찌끄럭지 / 64

할부 인생 / 66

더부살이 / 68

국자 찌개 / 69

대충 살기 / 70

재가 신도 / 72

면발에 말을 걸다 / 74

자살이 다가왔다 / 76

쇠구슬 / 78

침을 발랐다 / 80

4부　　가만히 서서 빗소리를 들었다

손님맞이 / 84

수다를 만나다 / 86

플루트를 들고 왔다 / 88

낙지 먹는 여자 / 90

발가락이 가렵다 / 92

고백 / 94

땅콩이 눅눅해지는 시간 / 96

죽엽석곡 / 98

모계 혈통의 기록 / 99

어머니 방송국 / 102

젓가락질 / 104

땀이 눈물보다 짜서 / 106

귀뚜라미 기르는 할머니 / 108

꽃과 우산 / 110

해설　　몸 소리에 귀 기울여보는 / 113
　───────　최지온

1부

하늘에 점으로 기억되고 있었다

별

주름이 늘어났다
많은 것을 채울 만큼 넉넉하다
좋은 것만 골라서 소환하기로 했다
늘어난 자루를 비누 거품을 내어 꼼꼼하게 닦았다
온몸 여기저기 검은 점이 박혀 있다
바탕이 밝아서 검은 별이 되었다

보석처럼 빛나는 것들이 많다
반짝이는 눈으로 보았던 것들이
헐렁한 자루를 채웠다
빛이 강하여 자루 밖으로 새어 나왔다

은하수가 보고 싶어졌다
팔이 아프도록 몸을 닦았다
어린 날 저녁, 멍석에 누워 있었다
하늘에 점으로 기록되고 있었다

중독되었다

절실해서 달고 산다
말이 음란하여, 말할수록 음란하다고 하여, 몰래 하면서 안 하고 사는 것처럼 살아야 했다

막강한 쾌감을 찾아냈다
헤로인보다 강한 것이 혈관을 타고 들어가 머릿속에서 불꽃처럼 폭발하고 차크라가 열려 빛이 새어 나왔다
쾌감으로 가는 시간보다 빠져나가는 길이 아주 길어 며칠이 지나도 생각만 하면 진동이 일었다
끊을 수 없는 이유가 비밀스러워서 너무 부끄러워서 비기로 전해질 만큼 몸이 원하고 있었다

중독됐다
중독됐다는 건 자주 해야 한다는 것이다
하면 할수록 쾌감이 더하고 끝이 없다는 것이다
밀어낼 수 없다는 것이다
세상이 시시해졌다는 것이다

암호

언뜻 보기에도 불편한 사내가
녹슨 볼트 작업 중이다
애초에 풀리지 말 것이라고 입력된 것을
안 될 것이 없다는 암호를 쓰고 있다

유혹에 미동이 없다
가부좌를 푸는 순간 당한다
스패너를 손에 들고 걸어가는 걸음걸이가
이리 와봐 한방이면 된다니까 하는 건들거림

그러나 만만하게 대한 적 없다
여유라는 것은 뚫어지게 바라보다
눈이 시린 후다

풀리지 않으면 망치로 내려치고
안 되면 용접기로 불어내기도 했다
어차피 풀어내야 인생이다

기름칠하러 간다
포맷되는 순간은 오로지 집에 있을 때다
관절이 풀린다

사람에게서

　동굴을 통과하지 않은 사람들이 생겨나기 시작했다
　첫 번째가 싯다르타였다
　그러나 동굴이 없었다면 탄생하지 못했다
　입구는 닫혀 있었으며 열려면 문지기의 마음을 움직여야 했다
　누구는 해탈을 위한 만능열쇠를 갖고 싶어 했다
　문을 열고 들어가 한 치 깊이에서 기다리면 몸을 감싸 주었다
　두 치 너머에는 경부(頸部)가 기다리고 있다
　그곳은 너무 민감해 다가서는 것만으로도 온몸에 전류가 흐르고
　빅뱅이란 순간이 오고 마땅히 숭배해야 함을 알게 되었다

　어두운 동굴은 매번 모양을 바꾸어 길을 헤매게 만들었다
　그래서 눈을 달았다
　차크라를 열어야 하기 때문이다

신경과 가슴과 머리는 쾌감을 다르게 해석하고 있었다
하나였다가 세 개로 나뉘었다
혼란을 틈타 동굴을 빠져나왔다
현자는 없었다
피부에 지문이 아로새겨 있다

음란한 곳에 다녀왔다고 말했다
음란하다 말하는 그들은
음란을 배웠거나 음란으로 만들어졌거나
우주 탄생의 순간을 체험하지 못했거나
자궁에서 만들어진 것을 의심하거나
불행과 동거하고 있거나

메두사

벌레가 들끓고 병들어서 버리자고 한 것을
그럴 수는 없다 하고 조심스럽게 닦아 주었다
부드럽게 다가가도
병이 깊어 몸이 녹아내렸다
파초는 몸통만 남았다
이름을 물으니 극락초라 했다

정원에 있는 것들을 모조리 잘라버렸으나
비가 지나간 뒤 다시 무성해졌다
정갈하게 빚어 놓은 정원을 보는 것은
잔혹한 시선이다

몸통 아래서 다시 머리가 자라났다
커간다는 것이 부채처럼 넓어진다
극락이란 살아서 꽃피는 것이라고
자리를 펴는 중이다

해마다 꽃 피운다

머리카락 손톱 발톱처럼 매번 잘라야 하는 것들을
몸속에서 밀어낸다
뱀 대가리 꿈틀거림을
징그럽다고 정리했다
꽃피우는 생이 징하게 그리워서

몸통을 보려면 뿌리째 뽑아야 한다
잘게 썰어도
보이지 않는 것이 있다
머리 잘린 메두사가 정면을 응시하기까지는
오랜 세월이 필요했다

놓치는 것들

샤워하다가 비누를 놓치는 일이 잦아졌다
손아귀를 빠져나가는 것이
물고기 잡을 때 미꾸라지처럼 매끄럽다
빠져나가는 것들은 모두 미끈거린다
가슴을 통과하는 바람도 그렇다
매끈하게 도려낸 자리가 휑하다

점심 먹은 졸음이 화들짝 놀라 달아났다
평안을 슬그머니 데리고 나갔다
불면도 그렇다
졸음을 온종일 끌고 다녔다
사과를 집었는데 미끈거렸다
미련 없이 쓰레기통에 버렸다

졸음이 쏟아졌다
놓친 비누를 잡으려 허리를 굽혔다
손에서 미끄덩 빠져나갔다
식은땀이 흘렀다

내 몸에서 빠져나갈 시간이 가까워졌다

기억나지 않은 꿈에 외마디 소리를 질렀다
온몸이 축축해졌다
꿈이 살던 자리다

두통

통증이 머릿속으로 들어왔다
머리를 동여맨다 흰색 헝겊이 적당하다
아픈 이에게 말을 건넨다
얼마나 많은 밤을 두통 없이 보냈는지
우울한 날보다는 행복한 날이 많았다고
딱따구리 한 마리가 머리를 쪼아대는데
머리띠로 목을 맬 수 있을까
질끈 동여매면 모든 아픔이 사라질까
모든 통증이 두통 속으로 매몰되는데

새를 재우기로 했다
아침 일찍 울어대지 않아도 되는 날
생의 최고 안식처여서
한구석 아픈 곳이 없다
가끔 샤크라가 열려도 날아가지 않는 새
얼마나 평안한 일상인가

쪼아댈 일도 머리띠 두를 일도 없으니

양수 속에서 평안하다
출렁거림 없는 깊은 바다여서
그동안 머리를 쪼아댄 것이
알을 깨고 나오는 습관이었다면
아프도록 두드려서
말 한 마디 툭 던지듯이 날아오르는
새 한 마리

집착의 주기

삼 년 주기로 엉덩이에 찾아오는 것이 있다
올 때마다 분명하게 거절했다
그때마다 그랬다
고요한 바다이기를

찾아오면 자세를 가다듬게 된다
살짝 스치기라도 하면 몸 전체가 화들짝 놀란다
보름 정도 머무는데
굵은 비가 오랫동안 내렸다
안부를 묻는 전화가 왔다
떠내려갈 것 없으니 아무 걱정 마시라

세상이 몸살을 앓고 있다고
엉덩이에 종기로 찾아왔는데
한참 성질이 나 있다
회오리의 중심이 흩어지길 기다렸으나
알 수 없는 것이 바람이어서
다시 오지 않기를 빌었다

곪아 터져야 끝이 난다
바라는 것이 있다면
거친 것들이 깨어나지 않았으면
삼 년 삼 년이 잔잔하기를
내 몸이 온전한 바다이기를

바다와 연관이 있다는 것은
땀이 눈에 들어갈 때
바람과 폭우가 범람할 때
내 몸이 뜨겁거나 바다가 뜨겁거나
모든 것이 고요하기를
소금기가 서려 있는 작업복을
벽에 박힌 못에 걸어두었다

오늘 같은 날

자판을 두들기는데 오타가 많아진다
모음과 자음이 소나기처럼 쏟아지는데
바닥에 닿기 전에 조립을 마치지 못했다
무수하게 버려지는 소리를 흘려보냈다

아직 시간에 익숙하지 못한 것이
정해진 날짜에 죽기는 글러 먹었다
한밤중에 깨어 있고 대낮에 졸음이 쏟아진다
별이 쏟아지는 밤 쉽게 잠들 수 있는가
꿈이라도 꾸어야지

몸이 힘들어 병원에 갔다
지극히 정상이란다
다만 몸이 늙어간다고 했다
시간을 바라보기로 했다
지루함이 도착했다

시간이 몸속에서 늘어진다

늘어난 길이만큼 가늘어져
흩어진 모음과 자음을 꿰어내기 시작했다
속도는 느리다
지루함이 하품을 만들어 잠깐 졸았다
짧은 꿈을 꾸었다
자판을 두들기는데 갑자기 전원이 꺼졌다
생시 같았다

꼽등이

집이나 회사에서 화장실 청소는 내 차지다
성에 차지 않기 때문이다
매번 만나는 놈들이 있다 쉰발이 꼽등이
대부분 변기에 빠져서 허우적대고 있다
화장지를 풀어서 빠져나올 사다리를 만들어 주기도 하는데
성공하는 놈이 드물다

빠지면 죽는데 물가에 서성인다
생물은 진화하는 것이 아니다
반지하 방 또는 변두리로 밀려나는 것들은
퇴화로 적응했으나 늘 살던 곳이 그리워 맴돈다

그리움은 항상 일렁이는 것들로 다가온다
한 발 담그면 휩쓸려 떠내려갈 것이다
형광등 불빛이 혀처럼 날름거린다
오늘 쉰발이와 꼽등이처럼 위태로움에 처해 있다

습하고 긴 구멍 속이 궁금했다
얼마나 많은 눈동자들이 밖을 내다보고 있을까
처음부터 어둠으로 설계되진 않았을 것이다
불을 켜자 검은 눈동자들이 사라졌다

예고 없이 불을 켰다 끄고
지축을 흔드는 이유는 무엇일까
더듬이는 더욱 예민해지고 눈동자는 가늘어진다
놀라서 다리 몇 개씩 구멍 밖에 놓고 올 때가 많다
평화의 대가라면 얼마든지 좋다

화장실에 앉아 있는데 갑자기 문을 열려고 한다
문을 두들겨 사용 중임을 알렸다
모양새가 급한 모양이다
예의가 버려진 사이
앉아 있는 시간이 길어졌다

구름 위를 걷는 여자

뾰족한 구두 굽
긴 손톱에 장식 올린 매니큐어
도톰한 입술에 붉은 립스틱
아직은 어색하지

초등학교 때 교문에서 태극기에 경례하고 있는데
택시를 타고 온 이웃집 누나
뽀얀 먼지가 가라앉자 삐딱구두 신고 내렸네
동네에 택시가 들어온 것도 구경거리인데
빨간 삐딱 구두는 여러 해 회자되었네

명절날 매니큐어 칠하고 부엌에 들었다가
멋쩍은 표정으로 나온 며느리
경로당 프로그램으로 매니큐어 바르고 집에 갔는데
눈길 피하며 혀를 차는 할아버지

붉은색 립스틱 발랐을 뿐인데
눈길이 가는 이유를 말하면 안 되지

눈길을 보내도 못 쓰지
또각또각 나에게 다가오는 소리가 아니네
무심하게 지나치는 뾰족한 소리

경로당 풍경

음악이 경로당에 흘러넘친다
박자에 맞춰 손뼉을 치고 몸을 흔든다
어르신 몸에 음악이 전류처럼 지나다닌다
선풍기가 쉴 새 없이 돌아가고
얼굴이 발갛게 달아올랐다

음악이 멈추자 하나둘 집으로 돌아가고
어르신 둘 바람을 벗 삼아 놀고 있다
선풍기 창살에 먼지가 두툼하다
몸에서 떨어져 나가 떠돌던 것들이다

삶의 흔적은 쉽게 지워지지 않았다
창살은 페로몬처럼 유혹적이다
바람에 매달릴 수 있는 손아귀 힘을 만들어낸다
모든 것이, 음악에서 나온 것이 아니라고 말하지 말자

음악이 멈추고 선풍기를 껐다
어르신 눈꺼풀이 먼지 무게를 감당하지 못하고 있다

2부

빗장을 열어주는 이가 있었다

개나리

부활절에 삶은 계란을 받았다

본티오 빌라도처럼 손을 씻었다
마을 언덕이 노랗게 물들었다
눈길 한번 주지 않았는데
마음이 환해졌다

모두에게 보여주고 싶었다
따뜻한 눈길은 없었다
전이가 두려운 세상에서
혹시 진실을 외면한 기억이 없었니?

언덕에서 노란 꽃 질 때
너희는 너희 법대로 하라
계절이 뱀처럼 지나간다
혀가 먼저 지나가고 꼬리가
아직 내 몸에 닿아 있다

속살 드러내며
짜릿한 순간 꽃송이로 뒹군다
세상은 고문 도구였다

시시한 명절

차례상이 사라졌다
시시해졌다
햇살이 나기 시작했으나
산소에 가는 언덕은 미끄러웠다
서릿발이 성성하다

마을 방송이 오늘도 한 사람 돌아갔다고 아지랑이처럼 울렸다
요령 소리에 펄럭이던 만장이 떠올랐다
지나간 시간과 욕망이 튕겨 올랐으나
날아오는 공을 놓쳐버렸다

파묘를 생각했다
내가 떠나가면 무연고다
명절도 두근거림이 사라져
건너 건너 빈집은 여전히 조용하다

햇살이 쏟아지기 시작했다

가문의 전통을 선산에 묻었다
녹은 땅이 마당까지 따라왔다
질척거림도 바짓단에 달라붙은 도깨비바늘도
시시해졌다

누가 주문했을까

주문하지 않은 택배가 도착했다
어눌한 말투 고르지 못한 치열 가끔
더듬거려 답답하게 만드는 공기
숨 쉬는 방법을 찾아 골방에 들었다

모든 것이 불만 불안 답답했다
가위눌려 줄탁동시 기다리듯
계시가 있을까
허망하였으므로 자리를 털었다

저린 다리를 손으로 끌어다 세우고
쥐나는 손가락은 발바닥으로 눌러댔다
갈망하던 혀는 입안으로 오므라들었다
원한 건 보이지 않았다
배달이 잘못되었거나 부친 적이 없거나

기다릴 일 없겠다

유효기간이 다가온 우유팩을 열었다
먹다 남은 우유를 걱정하다 단잠 들었다

나무는 단단했다

강건하지 못하여 밤길을 걸었다
바람에 소름이 돋고 나뭇가지에 긁힌 손등이 시리다
움직여야 근육이 단단해진다는데 평생 서 있는 나무는 단단했다
거칠어지고 굽어지고 긁으면 각질이 떨어지고
나무처럼 서 있었다 느낄 수 있었다 바람
비가 내렸다 눈물이 섞여 있었지만 아무도 몰랐다

집에서 부르는 소리가 들렸다 불가능한 거리였지만
무엇이 있었으리라 바람이었건 물방울이었건 꼼짝 못 하게 만든 뿌리였건
소리 나는 쪽으로 걸어갔다

서둘러 보고서를 작성하고 퇴근한다
삶은 보고서 요구가 없다 온전히 기록되기 때문이다
나이테를 보고 있다
나무에 걸려 넘어졌다 땅을 짚은 손가락이 부러졌다
해를 넘겨도 굽은 것이 펴지지 않았다 부러진 가지

는 성가시다

    근육을 만들기 위하여 계단으로 퇴근한다
    땅에서 멀어지는 시간이다
    하늘로 솟아오르는 나무를 본다
    허공에는 무엇인가 있다
    단단해져야 하는 이유다

빨대

플라스틱 빨대를 쓰지 않기로 했다
마지막 컵에 꽂혀 있는 것을 뽑아버렸다
주름으로 굽은 꼭지가 반듯하게 펴졌다
쓰레기통에 버리며 이제는 안녕이라고 말했다
썩는 데 오백 년이 걸린다는데
들고 다니며 오백 년 동안 쓸까 생각했었다
쓰레기통 속에 눈길이 닿았다
빨아먹혀 홀쭉해진 허리 굽은 어머니
나비가 날아간 자리에서 흩날리는 껍데기
기억나지 않은 시간
받아들여지지 않은 고백
어젯밤의 꿈
유효기간이 지난 말들
통에서 쓰레기가 넘치는 상상을 다시 통에 넣으려
청소기를 돌렸다
어쩌면 저렇게 입심이 셀까
온몸과 머릿속 생각까지 빨려 들어갈 것 같다
모든 것이 빨대 속으로 소용돌이친다

들어가면 끝이다

흩어질까 아니면 환생할까

얼른, 빨대에게 안녕이라는 인사를 건넸다

지혜로운 시간

빗장 여는 것을 보았다
만개하여 선물로 찾아온 당신
가장 아름다운 모습으로 찾아왔다
하나를 버리면 새순이 돋고
해마다 꽃을 피웠는데
오늘 좌탈입망을 마주했다
꽃집에 물으니
수명이 다했다고 했다

꽃이 지고 알아차렸다
나의 계보는 여기까지다
새순 올리는 일을 그만두어야 할 때가 되었다
나가는 문이 보일 때까지
가만히 기다리는 일만 남았다
몸에서 수분이 완전하게 바닥으로 내려갔다

몸이 가벼워지자 문이 가까이 다가왔다
문지방은 닳아 없어졌다

빗장을 열어주는 이가 있다

경계를 넘어가는 당신을 바라보았다

아름다운 기억을 책꽂이에 모시기로 했다

책장을 넘길 때마다

몇 생을 살아온 이야기가 들릴 것이다

신전을 허물었다

건너뛴 건 겨우 두 끼였다
그 사이로 뜨끈한 라면 국물이 카톡처럼 울렸다
김밥천국도 문을 닫은 일요일
쉬는 날 없는 24시마트는
혼자 걸어도 어색하지 않도록 친절하다
낯익은 음악이 흘러나왔지만 신경쓰지 않기로 했다
이어폰을 끼고 무언가에 집중하며 라면을 먹는 사람들
마지막 국물을 들이켜고 만족감을 방언으로 내놓는다
진열장에 빽빽한 라면을 보며
맛있다는 감탄사를 문신으로 적는다
가난해서 더 진하게
건너뛴 시간이어서 더 빠르게
덥석 집어 들어도 후회 없게
외로운 손이 늘어날수록 많이 팔린다
건강에 좋지 않다
몸이 신전이라고 스스로 허물고 있다고 경고하지만

당당히 허물어버릴 것이다
끼니가 없는 사람에게는
라면이 복음이다

단무지만 같아라

저녁으로 라면을 먹는다
편의점에서 김치를 상상하며 단무지를 사왔다
오래도록 사랑받아 맛이 표준화되고
색깔도 황금으로 깔맞춤했다

까탈스러운 입맛에도 탈이 없고
무엇을 먹든 한 조각이면 깔끔한 맛으로 처리되네
값싸고 선택의 고민도 없지
단무지끼리는 경쟁도 없네

고춧가루와 들기름 몇 방울 치면
화려하게 변신도 가능하고
용량도 여러 가지여서 혼자든 서넛이든
골라 담기 쉽네

국물까지 다 비우고
마지막 남은 한 조각 베어 문다
더도 말고 단무지만 같아라

젓가락에 반달로 남은 반쪽을
한참 바라보고 있다

졸음에 대한 자의적 해석

눈꺼풀이 내려앉는 것이 아니라
온몸이 무너지는 졸음에 대하여 말하려고 한다
깜빡이란 것이다
모든 것을 내려놓는 순간이다
목숨까지 말이다
깜빡했네라는 말 쓴 적이 있다
그 말 뒤에는 미안하다는 말이 따라다녔다

눈을 깜박하면 세상이 사라졌다 생긴다
고속도로에는 졸리면 '제발 쉬어 가세요'라는 푯말이 있다
그렇다 제발이다
통제가 어려운 것이다
어려울 때나 할 일이 쌓이면 찾아온다

달콤한 졸음도 있다
사랑 후에 찾아오는 나른함이다
얼마나 좋은 것인지 세포가 젊어진다

깜빡하면 달라지는 것이 많다

초기화의 순간이다
너무나 오랫동안 방치했다
다시 시작할 때가 됐다는 신호다
오늘은 가장 가까운 쉼터에서 자기로 했다

귀 막힌 소리

귀를 막으니 몸 소리가 들린다
면도할 때 비누 거품 이는 소리
수염이 잘리는 소리
심장 소리 소화기관 움직이는 소리
눈 감으면 속이 훤히 보일 것 같다

한의원에 갔는데 진맥을 하며
눈을 지긋하게 감고 고개를 약간 기울였다
내면을 바라보는 추임새다
편지함에 정부 지원 보청기 전단지가 꽂혀 있다
한쪽으로 기울어져 있다

귀 기울일 곳이 많아서
아직도 보청기 정부 지원은 한 쪽뿐이다
전단지를 휴지통에 버렸다
안 들리면 그런대로 몸 소리를 듣기로 했다

눈을 지긋하게 감았다

고개를 기울였다
숨소리부터 이명까지 자판기 소리에도 몸이 흔들린다
그냥 들리는 만큼 듣기로 했다

손 뿌리치기

손을 뿌리치며 떠난다
다시 기회가 없는 것을 안다

벌초를 끝내고 잠시 쉬었다
팔다리에 경련이 찾아왔다
기어서 길까지 내닫는 길
칡덩굴 찔레꽃 억새 그리고 가물가물한 것들이
손을 내민 기억이 났다

이틀을 앓아누웠다
예초기 일이 끝나고
운전 중 다리에 경련이 일어 사고를 당한 적이 있다
이번에는 산을 벗어나기 전에 경련이 찾아왔다
손을 탄 것이다

산에 갔다 올 때마다 몸 한쪽이 가려워진다
시원하게 긁어대면 손길마다 상처가 남는다
옷깃을 여미고 장갑을 끼었는데

피할 수 없는 것이 있었다

붉은 자국으로 선명하게 나타난다
아버지에게 회초리를 맞은 기억이다

긴팔

하루아침에 팔이 길어졌다
반팔 차림으로 긴팔 사이를 지나왔다
기침이 튀어나왔다
날아가는 속도에
첫서리가 내릴 것이라는 일기예보가 들렸다
오해가 풀릴까
벚나무는 꽃을 피우고
나는 여밀 옷깃을 찾아 나섰다

바람이 불어왔다
저마다 팔이 아프도록 손을 흔들고 있다
슬프지 않아도 눈물이 쏟아졌다
옷장에서 가을옷은 찾을 수가 없었다
오해였다
가벼운 차림으로 너무 깊이 생각했다

곰팡이가 피어 있었다
나의 긴팔은 꽃이었다

오랜 시간을 기다리다

빛이 들지 않는 곳에서 꽃으로 피었다

오해할 수 없었다

3부

한 수 배우기로 했다

가끔은 그렇다

나의 근심이 거기에 있다
감당이 안 되어 감내하는 것이라
지나간 시간이 수북하게 쌓여 있다
호미로 안 되어 낫 들고 설치는데
지나는 어르신 헛기침으로 인사를 건넨다
뜨거운 날에 일 만들지 말고 그늘에서 탁주나 한잔 하자
오래 살아온 사람과 탁주를 마시며 근심을 바라본다
도라지꽃이 보이지 않을 만큼 풀이 수북하다
어르신은 고랑이 넓어서 그렇다
선선한 아침나절 예초기로 잠깐이면 된다
이웃 밭보다 우리 밭고랑이 두 배쯤 넓다
일하기 싫어서 그런 것인데
어르신은 욕심이 없어서 그렇다고 웃는다
밭고랑처럼 주름이 가득하다
욕심 없이 살았다는 말이 수북이 쌓여간다
사랑도 욕심이라 받기만 하고 살았다
내년에는 밭고랑 더 넓게 만들어

시간과 사랑을 산처럼 쌓아놓고
탁주 한 병 들고 어르신을 찾아가
밭고랑 넓이에 대하여 한 수 배우기로 했다

허방에 빠지다

허방을 디뎠다
넘어진 세상을 딛고 일어날 수 있겠는가

몇 생을 돌아다녀도 한 번 밟지 못했지
하필이면 오늘 찾아가서 명확하게 빠져버릴 수 있었을까
그것도 한눈을 팔아서

허방을 찾아 돌아다니는 것이 생이라는 것도 알고 있었지
혹시나 솟아오를 구멍
전생에 예언자였다
시선을 발아래로 두어라

한쪽 발을 버리고 떠날 수밖에 없었다
눈을 선택할 수밖에 없어서
그렇게 한 생이 지나갈 무렵이었다
집중이 필요한 시간이 되었다

놓으면 구멍 속으로 사라질 시간이었다

한쪽 발이 생각났다
오래 멀리 왔다고 생각했다
집중 속에서 통증이 시작되었다
발은 통증을 한시도 참은 적이 없었다

가슴이 저려 왔다
두고 온 것이 보내는 신호가 잡힌 것이다

찌끄럭지

분리수거를 위해 병을 세척하고 있다
막걸리병은 두세 번 헹굼이 필요하다
찐득함으로 떨어지기 싫어하는 놈들이 있다
아무리 흔들어봐라 끊임없이 가라앉아 가부좌를 틀었다
불임이란 없어 그래서 갱년기도 없지

끈적해지기로 했다 의도한 것은 아니다
폐관시킨 이유도 알 것 같다
부패하지 않는 것은 생긴 대로 인정하는 거
많은 순간 중 바람결에 얼핏 스치는 아로마 한 가닥
좋아하는 이들이 찾아올 것이라는 믿음으로 살았다

향기로 갱년기를 치료하는 사람을 만났다
막걸리는 냄새가 싫어 멀리하는데
트림 속에서 명주실 한 가닥 뽑아 올려 몸에 감아주었다
오랜 시간 끌려다녔다

향기로움에서 지금도 헤어나지 못하고 있다

열 번이라도 헹구어낼까 했다
방법이 없는 건
끈적함이 이물질 아니라 몸통이라는 것을 알았기 때문이다
찌끄럭지에서 향기를 물레질하는 여자를 만났다
나에게 여전히 끈적이는 곳에서 사는 것이 좋겠다고 했다

할부 인생

할부가 끝나지 않은 의료기에 누워 있다
매년 가을마다 찾아오는 허리 통증
할부금 빠져나가면서 줄어들었다

퇴직이 가까운데
마이너스 통장은 당 수치처럼 줄어들지 않는다
생각하면 불면으로 다가와
오늘만 열심히 살아보자 하지만
전생의 그림자로 이불을 덮는다

마이너스 통장을 생각해내기 이전
조물주는 마이너스 인생을 만들었다
신용이 아니라 담보였다
몸이 곤하고 어려운 것이
매년 한구석을 허물어가고 있다

세상에 나오면서 만들어진 통장과
살아가면서 만든 통장 모두 마이너스다

모든 것이 대물림된다는 사실에
허리라도 튼튼해 보자고 의료기를 들여놨다

더부살이

육십이 되었는데
하늘을 날아다니고 수직으로 높은 계단을 오르고
군대에 다시 가고 아는 여자와 잠자리를 하고
발가벗고 거리를 떠돌고 학교에서 중간고사를 치렀다
생생한 것과 가물가물한 것
어려운 일은 끝까지 따라다니고
기분 좋은 일은 중간에 끊어진다

명확하지 않은 것이 옆자리에서 뒤척인다
온전하게 내 것이라는 생각에
지긋이 바라보게 된다
꿈조차 힘들었구나 말하려고 하는데
뒤척이던 것이 꿈이 아니라고
꿈이었으면 좋겠다는 말
꿈속에서라도라는 말이 지나간다
꿈결 같았다는 말은 다시 오려나
생시가 더부살이로 뒤척이는 밤

국자 찌개

식당에서 김치찌개를 주문했다
냄비에 국자가 들어 있다
팔팔 끓여서 먹어야 한다고 불을 붙였다
손잡이가 녹아내린 흔적이 보였다

어린 시절
장독대에 정안수 떠놓고 기도하는 것을 보았다
정안수에 국자가 얼비쳤다
기도가 끝나면 허공에 걸어두었다

대충 살기

김매는데 경운기 소리 들린다
팔순 넘은 어르신 운전대를 놓고 손을 흔든다
함박웃음으로 뭐라고 하시는데
알아들은 듯 고개를 숙여 인사를 했다
주말마다 마을에 들러 밭을 돌보는데
어르신 말씀을 대충으로 알아듣는다

뜨거운데 대충하고 들어가자
호미로 될 것 아니니 그냥 놔둬라
그만하고 냉차 한 잔 마시자
경운기 몰고 가는 어르신
웃는 얼굴이 보기 좋아서
한참을 바라보았다
풀밭도 좋고 어르신도 좋고
하루빨리 마을에 눌러앉고 싶은데
방 한 칸 들이기 쉽지 않다

이장님 말씀대로

까짓것 호미로 농사짓듯이
황토 흙벽돌 만들어 벽을 쌓고
어르신 말씀 얼기설기 엮어서 지붕으로 얹히고
바람과 햇살 숭숭 들어오도록 창문 내고
신발 한 켤레 벗어놓을 댓돌 하나 놓기로 했다

재가 신도

초등학교 입학을 했는데 학교는 공사 중이었다
전교생이 하루에 몇 시간씩 공사장 일을 했다
하천에서 손수레에 모래를 퍼 나르고
교실 2층에 벽돌을 날랐다
계단 중간에 벽돌을 놓고 내려왔다
높은 곳에 올라가면 다리에 힘이 풀렸다
몸이 약해서 그렇다고 했다

목수 일을 하다가 그만두었다
3층 이상 오르면 몸에 힘이 빠져나갔다
어머니는 아파트에 사는 아들 집에 오지 못했다
유전이라 생각하게 되었다
살고있는 아파트 라인 대다수가 기독교인이다
만날 때마다 교회에 나오라고 한다
재가 신도이니 우리 집이 교회라고 둘러댔다

믿음으로 하늘나라에 가야 한다고 하는데
간절한 눈빛이 거짓이라 생각하지 못했다

하늘이라는 말만 들어도 어지러워진다
천국이 지상에 있다면 좋겠다
천국이 낮은 곳으로 임하면 좋겠다

면발에 말을 걸다

야근이 끝날 무렵 컵라면이 시비를 건다
인연이 얼마인데 떠나기 그리 쉬운가
컵라면에 물을 부으며 수위보다 한 방울 더 넣었다
소주는 한 잔이면 적량이라 생각했다
컵라면에 소주 한잔은 가난한 자의 페라리
생각이 많아졌다
갈 곳이 정해지지 않은 사람들
한 잔 더하려고 하는데 면발이 시원치 않다

소주 두 잔은 과한 것이었다
퉁퉁 불은 면발을 뒤로하고
익숙한 골목으로 걷는다
골목길을 환하게 만든 이에게 찬사를 보낸다
빠져나오기까지 마주치는 사람이 없다

정량을 채우라고 편의점이 손짓한다
혼자 가도 좋은 집
면발이 불어 터지기 전 만나기로 했다

3분이면 충분하리라

술병을 비우기 전 젓가락에 면발이 잘려 나간다

언제나 그랬다

면발에 기대를 하다니

퉁퉁 불은 면발에게 말을 건넸다

국물이면 충분하다고

자살이 다가왔다

우리 동네는 세계에서 자살률 일등이다
믿기지 않아 찾아봤더니 주소지를 근거로 했다
대부분 객사다

<u>스스로 지워진다</u>
지우개가 지나간 자리는 잠시 흔적이 남았다 사라졌다
유혹은 강했다 유람선에서 잔잔한 바다가 비행 중에 구름이
차라리 포기하는 것이 평안하겠다는

전봇대에 붙은 말은 전화하세요
친절하나 이유를 설명하지 못해 수화기를 내려놓게 했다
그림자로 기억되자 시간이 무거워 꺾어진다

병뚜껑을 열다가 떨어뜨렸다
바닥에 떨어진 것을 주워야 할까 고민이다

이렇게 가벼운 것을
이스라엘과 미국인 다수는 목숨을 가볍게 여긴다
병뚜껑이 살상무기가 되었다

놀이터에서 시소 놀이를 하고 있다
무거운 쪽으로 무너진다
배경음악이 한 칸 앞으로 옮기라 하는데 뒤로 버틴다
그림자가 쿵 하고 땅에 닿았다

쇠구슬

마당에서 새끼손톱만 한 쇠구슬을 주웠다
구슬치기할 때 하나만 있었으면 하는 선망이었다
바퀴를 굴리다가 다른 세계로 온 것을 환영하기로 했다
어린 기억을 소환하여 주머니에 넣었다
주머니 속에 굴러다녀 반들반들 빛이 났다
토굴 속에서 참선하듯 몸이 맑아진 것이다
책상 위에 꺼내놓고 자세히 보니 홈집이 많다
상처가 손끝으로 묻어났다
책상이 기울어져 무엇인가에 기대어 놓아야 했다
잠시 쉬는 것도 좋겠다 생각했다
매끈했던 것이어서 도드라지게 보인다
덜컹거리는 바퀴였거나 기울어진 세상의 위성이었거나
나에게로 다가와 마마를 앓은 표정을 하고 있다
과속방지턱을 넘은 자동차 뒷좌석처럼 덜컹거렸다
볼록거울로 나를 작아지게 만들고
어디론가 굴러가야 할 운명이라 하는데

상처를 치료할 방법을 찾지 못했다

침을 발랐다

봉투가 열리지 않는다
엄지에 침을 발라 간신히 열었다
침을 발라야 할 때가 있다
돈 세는데 침이 없으면 숫자를 놓친다
책장을 넘기는 데 필요하다
입술에 바르는 것도 그렇다

봉투를 열 때는 엄지에 바르고
돈을 세거나 책을 넘길 때는 검지에 바른다
찜할 때도 검지다
보내는 것은 엄지이고 들어오는 것은 검지다
칭찬할 때는 엄지척이다

초등학교 입학 때
왼쪽 가슴에 손수건을 달고 갔다
침은 삼키고 눈물과 콧물은 닦아내는 것이었다
눈물을 삼키라는 말도 들었다
침은 흘리지 말고 튀기지 말고 뱉지 마라

삼키거나 바르는 것이다

4부

―――――

가만히 서서 빗소리를 들었다

손님맞이

예고 없이 손님이 찾아왔다
조용히 있다가 가시라고 쌍화탕 한 사발 대접했다
늦가을 여름옷 입고 설친 것이 시작이었다

떠돌이 위치를 파악하기란 쉽지 않다
어차피 그들에게는 내가 떠돌이였으니
빈틈이 없으면 찾아들지 않는다는데
노숙자는 감기가 피해 다녔다

경로당에서는 해묵은 감정을 끌어낸다
날이 번뜩였다
의도하지 않은 것에서 나왔다
현관문 비밀번호를 목걸이에 걸고 다니는데
빙하가 녹고 있다
만 년 전 바이러스가 꿈틀거렸다

감기라고 말하기는 쉬운데
치매라고 고백한 사람은 보지 못했다

감당 못 할 손님이 찾아오면 어쩌나
화투를 하다가 또 싸움이 시작됐다
백 년 전 비밀이 누설되기 직전이다

수다를 만나다

기다리지 못하고 비를 맞으며 걸었다
비가 그쳤나 싶었는데 비 오는 곳을 지나쳤다

집중을 위해서 문을 닫았는데
귀가 문고리에 걸려 있다
단음절로 전해지는 것들을 읽고 있다

멀리 있어 들리지 않지만
말이 눈에 보인다

비가 내렸다
가만히 서서 빗소리를 듣기로 했다
빗줄기 사이로 웃음소리가 들려왔다

굵어지는 빗줄기에 말이 섞여 있었다
바짓단이 축축해졌다
신발 속으로 흥건하게 고였다

신발에서 말이 새어 나왔다
발자국마다 웃는 얼굴이 찍혀 나왔다
집 앞까지 따라올 것이다

혹시나 했는데 발이 퉁퉁 불어 있다
선풍기 바람에 간지러운 발가락을 말리고 있다
낱말이 흩어지기 시작했다

플루트를 들고 왔다

가방을 열자 책상 밑에 병아리가 돌아다녔다
한동안 시끄러웠다
시간이 흐르자 나도 모르게 손가락이 움직여졌다
고개를 끄덕이게 만들고 몸에 익어갔다
소리가 다듬어지고 있었다
울던 아기가 새근새근 잠이 들었다

고음에 솜털이 일어나 가슴을 찔러댔지만
소리가 지나간 곳은
냇가 몽돌처럼 매끈해졌다
그녀는 소리를 길들여 채찍을 만들었다
오랫동안 휘두르는 연습을 했을 것이다
정확하게 깊숙이 가슴을 때리고 잡아당겼다

눈을 감으면 채찍을 휘두른다
코브라처럼 몸을 흔들고 싶어졌다
채찍 끝에 묻어 있는 것들이
목관악기 속으로 들어갔다

채찍이 부드럽게 몸을 휘감는다

낙지 먹는 여자

술안주로 낙지를 시켰다
단품으로 나온 것에 대하여 시선이 쏠렸다
여기저기 불판에서 지지고 볶고 끓여대는 식당에서
단아하게 한 접시로 나왔다
어렸을 적 사람은 못 먹어도
쓰러진 소를 벌떡 일어나게 했던 낙지다

이웃 동네에는 해마다 낙지를 팔러 마을에 오는 장사치가 있었다
 기다리는 사람들이 많아 처서가 지나면
 몇 차례 마을에 낙지를 풀어놓았다
 덕분에 한 해 한 번쯤은 낙지를 얻어먹었다
 올해에도 옆 동네 이장 전화를 기다리고 있다

빨판을 무기로 여지 저기 옮겨 다녔다
3층 옥상만 올라가면 손이 끈적해졌다
고소공포증은 그녀를 놓지 못했다
그녀와 만나면 빈 병이 늘어났다

술병 뒤로 보이는 그녀는 낙지처럼 일그러졌지만
빈 병 뒤에 보이는 그녀는 단아하게 보였다
단아함을 위해 빈 병을 늘려갔다

낙지를 시키면 나무젓가락이 따라왔다
매끈하고 가느다란 쇠젓가락은 궁합이 맞지 않았다
나무젓가락으로 낙지를 집어 올린다
접시가 비워질 때까지 꿈틀거렸다
그럴 수밖에 없는 것이다
젓가락에 올려지길 갯벌에서부터 기다렸던 것이다
믿기지 않겠지만 궁합을 맞추기 위해 빨판을 단련시켰다
낙지 같은 그녀다

발가락이 가렵다

오래된 인연이다
평생을 참호 속에서 살고 있다
가끔 고개를 내밀면 살상무기가 도포되었다
앉은자리가 따뜻해지고 평화로울 수는 없을까
간지러울 정도라면 좋겠다
발가락 사이를 긁으면 뇌세포가 잠시 즐거움을 느낀다

발바닥이 가려워진다
우주에서 어느 행성이 충돌했거나
지구 어느 곳에서 전쟁이 일어난 것이다
유성이 떨어지는 것은 불길한 징조였다
무좀약으로 소멸되지 않는 것은 행성에서 왔기 때문이다

지구 저편에서 전쟁 소식이 들렸다
나는 발가락이 가려워지고
제국은 잠시 즐거움을 느낄 것이다

유성이 비처럼 내리고 다시 발가락이 가려워진다
체력이 떨어지자 가려움이 발 전체로 번졌다
피가 나도록 긁어야 했다

고백

이장님이 오셨다
오랜만에 사무실 방문인데 첫마디가
내가 졌다
가슴이 덜컹 내려앉았다
놀러 간다고 약속한 지 한해가 지나간다

가장 좋은 것은 마주보고 사는 것인데
보이는 건 눈밭에 고라니 발자국뿐이라고
달래가 지천이니 달래 캐러 오라고
물앵두가 울고 있다고
보리수가 익어 풀밭에 떨어진다고

풍경은 무심하게 짙어가는데
무릎까지 차오르는 풀에게
내가 졌다고 고백했다
매일 마주보고 밭을 매는데
뒤따라 자라나는 풀이 발목을 덮는다
지고 살아서 세상이 초록이다

고추가 붉어지기 시작하는데
방아깨비 뛰어다니다 손에 잡힌다
생이 한 계절만큼이다
훌쩍 커가는 바랭이는
첫 꽃이 불염성이라는데
손에 풀물이 들어도
사연이 많아 정리하지 못했다

몸살 나고 풀독 들었다
몸을 돌보지 않은 이유여서
커가는 들판을 그냥 바라보기로 했다
풀독이 슬며시 빠져나가는 것이 보였다
세상이 푸른 이유다

땅콩이 눅눅해지는 시간

보름 동안 비가 내리고 있다
눅눅해진 땅콩을 먹다가 뱉어버렸다
정물화처럼 가만히 앉아 있었다
물감 다발을 들고 있는 그림이 중얼거렸다
눅눅하고 찐득거려요
촛농처럼 녹아내리면 기억에서 사라지겠죠
소파가 물렁해져 몸이 가라앉고 있다
먹다 흘린 부스러기들이 시위 중이다
빗자루가 다가와 예약에 없던 일이라며 쓸어갔다
유통기간이 지나가는 것을 보았다

혹시나 하는 기대가 있었으나
당신은 종자로 사용할 수 없습니다
섹스 없이 태어난 것들만이 유효합니다
달궈진 프라이팬 위에서 희망을 버렸다
눅눅해질 때까지 무슨 일이 일어난 것입니까
프라이팬 열기가 폭우를 불러왔다
술 취한 저녁 모든 것이 용서될까

늦은 시간 귀가하는 나에게
눅눅해지지 않을 것이다
아직은 볶아지지 않았으니
한 움큼을 적당한 곳에 묻어두어도 좋을 것이라고
했다

죽엽석곡

사진을 찍지 않고 눈에 담았다
모두가 개나리 같다고 했다
어쩔 수 없는 것은 향기에
나리 나리 개나리라고 하다가
잘생긴 도련님 같아 가까이 다가갔다
비만과 불면을 생각하며 아이스크림을 먹는 밤
개화는 아무도 범접할 수 없는 것이라서
달달한 것이 당기는 밤이었다
혼자 보기에도 좋아라
이 순간만큼 모두 숨죽이는 것이 예의여서
달빛도 구름에 가리고 바람 한 점 불지 않았다
몇 번을 읽어도 입꼬리가 올라가는
시 한 편을 쓰고 잠든 날
죽엽석곡이 개화를 했다

모계 혈통의 기록

　증조부는 서출이었다. 사별 후 재혼했으니 엄밀하게 말하면 후처의 자식이다. 그러나 본처의 자식들에게는 인정받지 못했다. 조부는 징용에 갔다 왔다. 탄광에서 노역을 하다 해방을 맞아 쪽배를 타고 현해탄을 건너왔다. 한쪽 팔은 탄광에 묻고 왔다. 술을 좋아했는데 흥이 오르면 어깨 아래 잘린 팔이 들썩거리는 것이 조모 눈에는 보기 싫었다. 위에 버섯이 돋아 돌아가시고 조모는 젊은 나이에 과부가 되었다. 조모는 먼저 가신 조부에 대하여 말을 아꼈다. 서출의 자식이라 떠밀려서 징용에 징발되었다는 의심을 거두지 못했기 때문이다. 조모는 재산도 지키지 못했다. 자식이 어린 핑계로 사촌에게 재산 관리를 위탁했는데 아버지는 한동네 팔촌 집에서 서출 혈통이라는 눈치를 보며 머슴을 살아야 했다.

　어머니는 절실한 기독교인이다. 외조모는 행불된 남편을 찾아 돌아다니다 새로운 남편을 만났다. 외조부는 어머니 형제를 위하여 새벽종 치는 일을 했다. 그러나 종소리도 자식을 지키지 못했다. 어머니는 지금도 성경 읽는 것이 일과다. 성경이 닳아서 몇 번을 새 것으로 바꿨다. 아버지는 술꾼이었다. 풀리지 않는 일생을 술로 풀었다. 어머니는 그것을 인정하고 살았다. 술안주를 맛깔스럽게 잘 만들었다. 아버지는 많은 빚을 남기고 돌아가셨다. 장남은 가난하여 차남이 모든 빚을 갚아야 했다.

나는 화가가 꿈이었다. 꿈이 가난하여 결혼 후 아내를 힘들게 했다. 아내는 나를 만나기 전 어린 가장이었다. 짊어진 짐이 무거워 나에게 왔으나 의지가 되지 못했다. 나는 시인이 되고 자식은 화가가 되고 예술가가 되었다. 지독한 음치여서 찬송가도 부르지 못하는데 막내아들은 음악을 전공했다. 찬양대 활동을 하는 아내를 닮았다. 나를 만나기 전 아내는 무녀를 신어머니로 모시고 있었다. 시어머니의 신앙으로 가기까지는 오랜 시간이 필요하지 않았다. 어머니는 돋보기를 쓰고 경전을 읽고 아내는 새벽마다 찬송을 부르러 집을

나선다.

 조부는 힘이 없어 징용을 살았고 아버지는 가난하여 전쟁이 비켜 갔다. 나는 가난하여 시인이 되었다. 남자를 살아남게 한 것은 여자였다.

어머니 방송국

어머니는 찾아뵐 때마다 녹음기를 켜신다
재방송 중이다
설움이 장리쌀 이자처럼 불어나
고장난 수도꼭지처럼 말이 새어 나온다
듣고 있으면 요로결석처럼 뜨끔거린다

테이프가 늘어지면
가슴을 탁탁 치기도 하는데
신기하게도 다시 탱탱해진다
그런 일이 여러 번 있었다
고장난 티브이도 두드리면 화면이 켜졌다

두드리면 열린다는 경구가 있다
생각이 안 나면 습관적으로 머리를 두드린다
끊어진 연결고리가 다시 이어진다
배운 적이 없는데 손이 가면 고쳐진다

어머니는 항상 성경을 펼쳐놓고 있다

문장 아래에는 밑줄을 여러 번 그려 놓았다
늘어진 테이프를 연결하는 부호일지도 모른다
시간이 지날수록 밑줄이 굵어진다

젓가락질

흘린 적 없었다
삼겹살집 불판을 갈아치우는데
남은 살점 꼭꼭 찍어 여기저기 나누는 솜씨가
모이를 쪼아먹는 새 부리다
칠십은 넘어 보이는데
흐트러짐 없이 날렵하다

섬세함이 간지럼을 탈 것 같다
어느 소설가는 무기로 사용했다는 설이 있다
무협지에 나오는 일이 다반사로 일어나고
고수가 수두룩하다는 나라
외계인 이티(ET)가 젓가락을 패러디하여
손가락이 긴 종족이 사는 행성으로 소문났다

퇴화하여 손가락이 되었다
닳아서 짧아졌다
손톱 긴 여성이 발명했다는 소문이 돌았다
불판 연기에 찡그리는 모습도 밉상이 아니다

뒷주머니 꽂고 다녀도, 비녀로 써도 폼난다
삼겹살집 주인 손톱에는 항상 꽃물이 들어 있다

땀이 눈물보다 짜서

덜어낼수록 농도가 짙어졌다
눈물로 쓸어낼 수 없는 큰 슬픔이다
먹어도 배고픈 날
온몸이 땀범벅이 되었다
둑이 무너지면
눈물로 대응했으나 감당하지 못했다

너른 벌판에 옹달샘이다
낮에는 구름이 밤에는 달이 쉬어갔다
장마에 쓸려도 금방 맑음을 유지했다
물이 솟는 구멍이 있다
가까이 가면 심장이 크게 뛰었다
숨이 가빠지고 얼굴이 상기되었다
맑음이 어린아이 같아야 했다

초승달을 건져 올려 둑으로 삼았다
아침마다 땀이 흘러들지 못하게 둑을 다듬었다
갈수록 힘든 날이 많아진다

땀을 자주 흘린다
그때마다 눈물이 돌았다
땀이 범람하면 눈이 감긴다
맑음을 유지하는 방법이다

귀뚜라미 기르는 할머니

실버카 지날 때마다 귀뚜라미 울음소리가 난다
경로당에서는 아무도 모르는 비밀이다
비밀이 많아지는 건 은밀하기 때문이다
나라에서 해결책으로 보청기를 보급했다
소리는 퇴화하고 눈치가 진화되었다
티브이 소리가 담장을 넘을 때도 있지만
귀에는 모기 소리다

집으로 가는 길은 다리가 무겁다
바퀴에 지푸라기 하나 끼어서
움직일 때마다 귀뚜라미가 운다
무슨 소리인가 하고 멈추면 울음을 뚝 끊는다
모든 벌레 소리가 한꺼번에 멈춘다

걷는 것이 힘들어 손잡이에 힘을 주면 소리가 커진다
아무도 없는 집으로 들어가 누우면
풀벌레 합창이 시작된다
지푸라기는 귀뚜라미 소리를 선택했다

할머니가 깨어날 때까지 네 음절을 익혔다
도로로로 도로로로
할머니가 네 박자를 좋아하기 때문이다

꽃과 우산

많은 사람이 찾는 곳에서 일한다
비 오는 날 남는 우산이 있다
얼룩진 창 너머에는 철없는 연산홍이 피었다
주인은 누구였을까
비 맞으며 걸어갔을까
장례식장에서 슬리퍼를 신고 나온 날이 있다
혹시나 다시 갔는데 남은 것은 내 신발이 아니었다
그렇게 버려진 짝이 여러 개 있었다
연산홍도 그랬을 것이다
누군가 먼저 피어 순서를 놓친 것이다
임자 없는 우산을 치우기로 했다
쓸 만할까 펼쳐보았다
손잡이가 낯설고 그늘이 어색했다
주인과 우산의 교감이 남아 있었다
오래된 사이였다
고이 접어서 주인을 기다리기로 했다
철없는 연산홍에 눈길을 돌렸다
잘못 흘린 물감인데

마음이 간다
연분홍 치마가 휘날리는 유행가 가사가 떠올랐다
늦게 피는 것이 운명이라면
내 곁에서 오래도록 피어라

해

설

몸 소리에 귀 기울여보는

— 김영서의 시

최지온(시인)

　시인은 세계를 드러내는 사람이다. 모든 감각을 동원하여, 세계를 예민하게 받아들이는 사람이다. 그러니까 시인은 어떤 세계에 몸이 머무를 때, 자신의 몸에서 일어나는 모든 변화에 반응하는 사람인 것이다. 스스로의 몸인 동시에 세계를 향해 나아가는 몸이 되었을 때 시인의 몸은, 몸으로서의 생명성을 얻을 수 있는 것이다. 이것은 역동적이고 또한 현실적이다. 어떻게 변할지 예측 불가일 경우가 많고, 몸의 내부와 외부의 변화가 동시적이거나 동시적이 아닐 수도 있고, 시간과 공간을 달리해서 변화가 일어날 수도 있기 때문이다. 시인에게 있어 몸이 그냥 단순한 몸일 수 없는 이유이다.

　메를로-퐁티는 『지각의 현상학』에서 "만약 내가 나의

사무용 책상을 두 손으로 짚고서 그 앞에 서 있다면, 오로지 내 두 손만이 부각되고 나의 모든 몸은 마치 혜성의 꼬리처럼 그 뒤에서 끌릴 것이다. 이는 내가 나의 양어깨나 나의 허리가 차지하고 있는 자리를 무시한다는 것을 뜻하는 것은 아니다. 그것들의 자리가 내 두 손의 자리에 감겨 있다는 것을 뜻한다. 그래서 나의 모든 자세는 나의 두 손이 짚고 있는 책상 위의 지점에 의거해서 해독되는 것이다"라고 말한다.

어떤 물질에 몸이 닿는 순간, 몸은 꿈틀거리고, 어떤 사건이 생겨나고, 시간과 공간에 특별한 가치가 생긴다는 것이다. 물론, 물질이 몸에 닿지 않아도, 몸이 어떤 시간과 공간에 위치하는 순간, 그것 자체에서도 몸의 의미를 찾을 수 있을 것이다. 메를로-퐁티는 "나의 몸이 하나의 '모양'이고 또 나의 몸 앞에 차별 없는 바탕들 위의 특권화된 모양들이 있다고 할 때, 그 일이 가능한 것은 나의 몸이 자신의 과제들에 의해 극화(劇化)되고, 그 과제들을 향해 존재하고, 자신의 목표를 달성하기 위해 자기 자신으로 집중되기 때문"이라고 말한다. 몸이 생겨나는 순간, 시인은 몸 안팎에서 일어나는 모든 일들에 관여하게 되는 것이다. 몸이 꿈틀거리는 순간, 몸 안팎에서는 어떤 꿈틀거림이 발생하고, 몸은 그 변화를 예민하게 감각하고 사유하게 되는 것이다.

이 시집에서, 시인은 시인의 몸이 거주하고 있는 모든 시간과 공간 속에서 일어나는 몸의 변화를 담담하게 펼쳐내려고 한다. 한적하지만 시끌벅적한 시골의 한 마을에서 일어나는 풍경과, 그 모습을 바라보면서 변화해 가는 시인의 몸은 어떻게 가라앉고, 어떤 방향으로 움직이고 있는지, 자신에게 주어진 과제들을 향해 어떻게 존재하고 싶은지, 몸으로 지각되는 시인의 세계는 호기심을 갖게 하기에 충분하다.

    동굴을 통과하지 않은 사람들이 생겨나기 시작했다
    첫 번째가 싯다르타였다
    그러나 동굴이 없었다면 탄생하지 못했다
    입구는 닫혀 있었으며 열려면 문지기의 마음을 움직여야 했다
    누구는 해탈을 위한 만능열쇠를 갖고 싶어 했다
    문을 열고 들어가 한 치 깊이에서 기다리면 몸을 감싸주었다
    두 치 너머에는 경부(頸部)가 기다리고 있다
    그곳은 너무 민감해 다가서는 것만으로도 온몸에 전류가 흐르고
    빅뱅이란 순간이 오고 마땅히 숭배해야 함을 알게 되었다

어두운 동굴은 매번 모양을 바꾸어 길을 헤매게 만들었다
그래서 눈을 달았다
차크라를 열어야 하기 때문이다
신경과 가슴과 머리는 쾌감을 다르게 해석하고 있었다
하나였다가 세 개로 나뉘었다
혼란을 틈타 동굴을 빠져나왔다
현자는 없었다
피부에 지문이 아로새겨 있다

음란한 곳에 다녀왔다고 말했다
음란하다 말하는 그들은
음란을 배웠거나 음란으로 만들어졌거나
우주 탄생의 순간을 체험하지 못했거나
자궁에서 만들어진 것을 의심하거나
불행과 동거하고 있거나

—「사람에게서」 전문

몸은 고정되어 있지 않고 늘 무언가를 향해 열려 있다. 흔히들 텅 빈 상태라고 하지만, 그것은 문학적 수사일 뿐, 텅 비어 있다,라는 말은 무언가로 꽉 차 있다는 말과 다르지 않을 것이다. 동굴도 마찬가지다. 동굴은 비어 있지만 동시에 비어 있지 않다. 어둡고 습하지만 동시에 그 어둠

이 동굴을 환하게 만들어 주는 빛일 것이다.

  인간의 몸을 '동굴'이라고 한다면, 인간은 어떻게 동굴을 통과해야 할 것인가. "입구는 닫혀 있"고, 열기 위해서는 "문지기의 마음을 움직여야" 하는데, 어떻게 열어야 할 것인가. 인간은 언제나 만능열쇠를 갖고 싶어 한다. 만능열쇠는 노력하지 않고도 가질 수 있는 현실적인 부와 능력, 지위 같은 것일지도 모르고, 비워내지 않고도 비우고 싶은 마음 같은 것일 수도 있다.

  그러나 세상에 만능열쇠란 존재하지 않는다. 기다리고 또 기다리면서, "길을 헤매"면서, 문지기의 마음을 열기 위해 정성을 다하고, 언제인지도 알 수 없는, 그 한순간에 열릴 몸을 위해, 기약 없이, 노력을 다하는 것. 그것을 시인은 "빅뱅"을 향한 몸의 기다림이라고 말한다. 몸의 빅뱅은 갑자기 찾아올 수도 있고 서서히 찾아올 수도 있다. 그 오랜 인내의 시간을 "마땅히 숭배"하는 것은 당연한 일이다. 그렇게 모아가야 하는 진심과 열심이라는 것을 시인은 안다. 그것을 시인은 "피부에 지문이 아로새겨 있다"고 말한다. 지문이 있지만, 그것을 통해 몸의 문을 여는 것은 누구나 할 수 있는 것은 아니다. 그것을 혹자는 "음란하다"고 말하지만, 어쩌면 이러한 몸의 이치를 알지 못하는 것은 "우주 탄생의 순간을 체험하지 못했거나/ 자궁에서 만들어진 것을 의심하거나/ 불행과 동거하고 있거나"에 불과하다. 마음과 몸이 상호작용하여 일어나는 '빅뱅'의 순간에, 몸속에서 생명은 더 크고 넓게 자라날 것이다.

    주름이 늘어났다
    많은 것을 채울 만큼 넉넉하다
    좋은 것만 골라서 소환하기로 했다
    늘어난 자루를 비누 거품을 내어 꼼꼼하게 닦았다
    온몸 여기저기 검은 점이 박혀 있다
    바탕이 밝아서 검은 별이 되었다

    보석처럼 빛나는 것들이 많다
    반짝이는 눈으로 보았던 것들이
    헐렁한 자루를 채웠다
    빛이 강하여 자루 밖으로 새어 나왔다

    은하수가 보고 싶어졌다
    팔이 아프도록 몸을 닦았다
    어린 날 저녁, 멍석에 누워 있었다
    하늘에 점으로 기록되고 있었다

—「별」전문

시인에게 있어 그 시작은 한 점이다. "온몸 여기저기 검은 점이 박혀 있"어, "검은 별"이 되었다고 한다. "보석처럼 빛나"고, "반짝이는 눈으로 보았던 것들이" 몸을 채우고, "하늘에 점으로 기록되고" 있다고 한다. 이 점은 무궁무진한 가능성을 갖고 있다. 화가라면 보이지 않는 세계마저 그려낼 수 있고, 시인이라면 실제와 상상과 추상을 넘나드는 언어를 펼쳐낼 것이며, 음악가라면 우리가 흔히 말하는 천상의 음악을 만들어 낼 수 있지 않을까. 그리고 시인은 자신의 몸속으로 그리고 시인이 거주하는 작은 마을을 향해 뻗어가면서 끊임없이 삶을 확장해 나간다.

점에만 머물렀을 때 세상은 언제나 암호투성이다. 풀어내야 할 것투성이다. 때로는 "이리 와봐 한방이면 된다니까 하는 건들거림"으로 가득 차고, "풀리지 않으면 망치로 내려치고/ 안 되면 용접기로 불어내"고(「암호」) 싶은 마음은 간절하지만, 그것이 쉽다면, 왜 인간은 가부좌를 틀고, 여행을 떠나겠는가. "먹다 남은 우유를 걱정하며 단잠"(「누가 주문했을까」) 드는 일은 생기지 않을 것이다. 시인은 어떻게 그 암호를 풀어가는지, 자음과 모음을 꿰어 만들어 놓은 수많은 문장 속에서 작은 힌트를 찾아볼 수 있다.

"계절이 뱀처럼 지나"가는 세계에서 "세상은 고문 도

구"에 불과하지만, '부활절에 받은 삶은 계란'으로 죄를 씻어보고 싶은 마음, "진실을 외면한 기억'" 많지만, 그럼에도 불구하고 "아직 내 몸에 닿아" 있음을(「개나리」) 고백하는 시인의 마음은 솔직하다. 삶은 계란은 이미 죽은 계란이고, 그 속에서 부활하는 생명은 없지만, 그렇게라도 자신의 죄 사함을 받고 새롭게 태어나고 싶은 마음. 어쩌면 인간이 갖는 유일한 진실일지도 모른다.

시인이 지각하는 세계는 풀지 못한 슬픔과 고통으로 가득한 세계이다. '할부 인생'이고 '두통'이 생기는 세계이고, '찌끄러지' 삶이며, 결국에는 '더부살이'하다가 끝날 세계이다. "오늘만 열심히 살아보자 하지만" "세상에 나오면서 만들어진 통장과/ 살아가면서 만든 통장 모두 마이너스다/ 모든 것이 대물림" 되는 세상이다(「할부 인생」). "꿈조차 힘들었구나"(「더부살이」) 말하고 싶은 세상이고, "거친 것들이 깨어나지 않았으면"(「집착의 주기」) 하는 세상이다. 세상이 몸살을 앓고 있다고 말하는 시인은 몸 안에 웅크리고 있는 작은 자신을 통해서 암호를 풀려는 시도를 한다.

몸에 익지 않은 플루트의 소리를 다듬으면서, 시인은 몸의 소리를 듣는다. 몽돌처럼 매끈하게 소리를 길들이면서, "깊숙이 가슴을 때리고 잡아" 당기면서, "목관악기 속으로 들어"가면 "채찍이 부드럽게 몸을 휘감는"(「플루트를 들고 왔다」) 것을 느끼면서, 몸에서 흐르는 소리를 듣다 보면, 시인은 조금 더 살아도 좋겠다는 생각을 하게 되는 것이다. 눅눅한 땅콩을 프라이팬에 볶듯이, 눈물보다 짠 땀을 흘리면서, 맑음을 유지하고 싶은 것이다. "빠져나가는 길이 아주 길어 며칠이 지나도 생각만 하면 진동이 일어"나는 몸에, "하면 할수록 쾌감이 더하고 끝이 없"게 하는 어떤 중독에 빠져서, "차크라가 열리"는(「중독되었다」) 그 순간에 중독되어서, 시인은 '개화'의 순간을 기다린다. "개화는 아무도 범접할 수 없는 것이라서" "이 순간만큼 모두 숨죽이는 것이 예의"라고(「죽엽석곡」) 한다. 몸의 소리를 들으려면 어떻게 해야 할까.

    귀를 막으니 몸 소리가 들린다
    면도할 때 비누 거품 이는 소리
    수염이 잘리는 소리
    심장 소리 소화기관 움직이는 소리
    눈 감으면 속이 훤히 보일 것 같다

    한의원에 갔는데 진맥을 하며
    눈을 지긋하게 감고 고개를 약간 기울였다
    내면을 바라보는 추임새다
    편지함에 정부 지원 보청기 전단지가 꽂혀 있다

한쪽으로 기울어져 있다

귀 기울일 곳이 많아서
아직도 보청기 정부 지원은 한 쪽뿐이다
전단지를 휴지통에 버렸다
안 들리면 그런대로 몸 소리를 듣기로 했다

눈을 지긋하게 감았다
고개를 기울였다
숨소리부터 이명까지 자판기 소리에도 몸이 흔들린다
그냥 들리는 만큼 듣기로 했다

―「귀 막힌 소리」 전문

    눈을 지긋하게 감고 고개를 약간 기울이면서, 안 들리면 안 들리는 대로, 그냥 들리는 만큼만 듣는 것. 몸이 흔들리고 무너지는 소리를, 있는 그대로 받아들이는 것. 몸의 소리를 받아들이지 않는 한 나의 몸은 존재하지만 존재하지 않는 것과 같다. 몸이 내는 소리에 귀를 기울인다면, 몸은 저절로 몸 밖의 세계에 연결될 것이다. 몸의 안과 밖은 상호의존적이고, 점과 점이 연결된 선인 것이며, 그것이 매 순간 나와 세계를 연결하는 통로 같은 것이기 때문이다.

"생긴 대로 인정하는 거", "좋아하는 이들이 찾아올 것이라는 믿음"으로, 비록 끈적한 이물질 같은 것일지 몰라도, "여전히 끈적이는 곳에서 사는 것이 좋겠다"고 생각할 수 있다면, 그것이 곧 아름다운 '찌끄럭지'(「찌끄럭지」) 아닌가.

꽃이 지고 알아차렸다
나의 계보는 여기까지다
새순 올리는 일을 그만두어야 할 때가 되었다
나가는 문이 보일 때까지
가만히 기다리는 일만 남았다

―「지혜로운 시간」 일부

그렇게 시인은 몸의 빗장을 열고 밖으로 나온다. 그리고 세상이 내는 몸의 소리를 듣는다. 경로당에 다니는 할머니, 마을 이장님, 삐딱구두를 신은 여자와 교회 다니는 성도들, 낙지 먹는 여자 혹은 보청기를 낀 할머니들이 시인의 몸속을 걸어다닌다. 메를로-퐁티는 "외적 자극과 몸 자신에 대한 지각은 동일한 작용의 두 측면이기 때문에 함께 변화한다"고 했다. 자살률이 높은 동네에 살고 있는 시인은, 어쩌면 경제협력개발기구(OECD) 국가 중 자살률 1위라는 불명예를 안고 사는 이 나라의 축소판인지도 모른다.

    지우개를 쓴 것처럼 흔적조차 남지 않는 게 삶인 것처럼, 죽음 또한 스스로 지워지기를 선택하는 것. "이유를 설명하지 못해 수화기를 내려놓게" 만드는 망설임의 순간을, 시인은 "놀이터에서 시소 놀이"를 하는 것처럼 말한다(「자살이 다가왔다」). 삶과 죽음은 시소처럼 올라가고 내려가는 것. 이것은 먼 나라의 전쟁과 폭력처럼 목숨을 가볍게 여기게 하지만, 삶도 죽음도 늘 무거운 쪽으로 무너지기 마련이어서, 그 무거움을 어떻게 끌어안을지가 모든 인간의 숙제로 남게 된 것 아닐까. 그래서 시인은 말한다. "내가 떠나가면 무연고다"라고, "건너 건너 빈집은 여전히 조용"한 시골 마을에서, 시시한 명절을 맞이하는 시인은 "요령 소리에 펄럭이던 만장"을(「시시한 명절」) 떠올리면서, 오늘 떠난 한 사람을 생각하는 것이다.

    시인의 시선이란 몸과 떨어져 자기만의 세계로 타자를 내려다보는 것이 아니라, 타자의 시선 속으로 들어가 타자와 한몸이 되는 것을 말한다. 그러니까 시인의 시선은 몸 밖의 세계 속에 살고 있으며, 그 세계를 끌고 들어와 자신의 몸속에서 함께 사는 것이다. 세계는 고통과 불행, 걱정과 근심, 슬픔과 설움으로 가득 찬 곳이지만, 시인은 이 세계를 인정하고, 어떻게든 끌어안고 싶어 한다. 이러한 모습은 "설움이 장리쌀 이자처럼 불어나"는 어머니를 찾아뵐 때(「어머니 방송국」), '술병을 늘려 가는 낙지 같은 그녀'(「낙지 먹는 여자」)를 볼 때, "삼겹살집 주인 손톱에는 항상 꽃물이 들어"(「젓가락질」) 있음을 발견할 때에도 나타난다. "만날 때마다 교회에 나오라고"는 이웃에게 "재가 신도이니 우리 집이 교회라고" 둘러대면서 "천국이 지상에 있다면 좋겠다/ 천국이 낮은 곳으로 임하면 좋겠다"(「재가 신도」)는 발원으로, 시인은 이 세계와 한 몸이 되고 싶어 하는 것이다.

마을에는 주로 어르신들이 계시고, 경로당에 머물며 음악을 듣고 손뼉을 치며 춤을 추신다. 그 음악이 살아있음을 느끼게 하지만, "눈꺼풀이 먼지 무게를 감당하지 못하"는 어르신들의 모습은 음악보다 무겁기만 하다(「경로당 풍경」). 실버카를 끄는 할머니는 귀가 어두워 보청기를 끼고, 네 박자를 좋아하는 할머니를 위해 밤새 "도로로로 도로로로" 같은 소리로 살아나는 귀뚜라미 같은 음악이(「귀뚜라미 기르는 할머니」) 있다면, 예고 없이 손님이 찾아오거나 감당 못 할 손님이 찾아오는 순간에도, 그 순간을 기꺼이 환대할 수 있게 되지 않을까 하는 소망을 품게 된다.

김매는데 경운기 소리 들린다
팔순 넘은 어르신 운전대를 놓고 손을 흔든다
함박웃음으로 뭐라고 하시는데

알아들은 듯 고개를 숙여 인사를 했다
주말마다 마을에 들러 밭을 돌보는데
어르신 말씀을 대충으로 알아듣는다

뜨거운데 대충하고 들어가자
호미로 될 것 아니니 그냥 놔둬라
그만하고 냉차 한 잔 마시자
경운기 몰고 가는 어르신
웃는 얼굴이 보기 좋아서
한참을 바라보았다
풀밭도 좋고 어르신도 좋고
하루빨리 마을에 눌러앉고 싶은데
방 한 칸 들이기 쉽지 않다

이장님 말씀대로
까짓것 호미로 농사짓듯이
황토 흙벽돌 만들어 벽을 쌓고
어르신 말씀 얼기설기 엮어서 지붕으로 얹히고
바람과 햇살 숭숭 들어오도록 창문 내고
신발 한 켤레 벗어놓을 댓돌 하나 놓기로 했다

─「대충 살기」 전문

어쩌면 '대충 살기'가 대안이 될 수 있을지도 모르겠다. 시인이 말하는 게 정말로 대충 사는 것은 아닐 것이다. "어르신 말씀을 대충으로 알아듣는" 것은 어르신과 교감할 수 있는 무언가가 있기 때문일 것이고, "뜨거운데 대충하고 들어가자"는 것은 그보다 더 가치 있는 무언가가 있기 때문일 것이고, "호미로 될 것 아니니 그냥 놔두"는 것은 그렇게 해야만 지킬 수 있는 그 무언가가 있기 때문일 것이다. "하루빨리 마을에 눌러앉고 싶은데/ 방 한 칸 들이기 쉽지 않"은 현실, 마음은 초조하고 급해지는데 현실은 녹록지 않다. 그럴 때 몸의 소리를 알아들을 수 없다면, 마음은 낭떠러지 앞으로 다가가기 마련이다. 인간을 병들게 하는 가장 큰 원인은 스트레스라고 한다. 점으로 태어나 먼지처럼 살다가 흔적도 없이 사라지는 게 삶이라고 한다면, 한 발 뒤로 물러나 내 몸의 안과 밖을 볼 수 있다면, 이 세상은 조금 살 만해지지 않을까. 집착하고 완벽해지려는 자세는 외롭고 고통스럽고 내 몸과 단절되는 세계이다. 그러니 "까짓것 호미로 농사짓고" "흙벽돌 만들어 벽을 쌓고" "어르신 말씀 얼기설기 엮어서 지붕으로 얹히고/ 바람과 햇살 숭숭 들어오도록 창문 내고/ 신발 한 컬레 벗어놓을 댓돌 하나" 놓으면 어떠랴. 대충 산다는 말 속에는 쉼과 어울림과 넉넉함 같은 그 무언가가 포함되어 있을 것이다.

그래서 시인은 고백하는 것이다. "지고 살아서 세상이 초록이다"고 말이다. "가장 좋은 것은 마주 보고 사는 것인데" 한 해가 다 가도록 만나지 못한 이장님과의 만남에서 "내가 졌다"라는 이장님의 말을 "무릎까지 차오르는 풀에게" "내가 졌다"고 돌려주는 여유를 보여주는 것이다. "커가는 들판을 그냥 바라보기로 했다/ 풀독이 슬며시 빠져나가는 것이 보였다/ 세상이 푸른 이유다"라는 고백 뒤에는 "생이 한 계절만큼"일(「고백」) 것이므로, 삶을 사랑하는 자로서, 삶에게 지는 것이 결국 몸의 소리를 그나마 제대로 들을 수 있게 해 줄 거라는, 시인만의 지혜는 아닐까 생각해 본다. 그리고 이러한 고백은 "빨아먹혀 홀쭉해진 허리 굽은 어머니/ 나비가 날아간 자리에서 흩날리는 껍데기/ 기억나지 않는 시간/ 받아들여지지 않은 고백/ 어젯밤의 꿈/ 유효기간이 지난 말들"을 버리고, "썩는 데 오백 년이" 걸리는 빨대를 쓰지 않는 결심까지 나아가면서, 나로부터 지구로까지 초록의 세계를 확장해 나가는 것이다.

몸이라는 구체성을 획득한 인간은 피하고 싶어도 피할 수 없는 것이 있다. 조금만 방심해도 쉬지 않고 자라는 풀과 벌레들, 쇠락해 가는 젊음과 영 친숙해지지 않는 죽음, 내가 가진 것들에 대해 객관적일 수 없는 집착과 고집 같은 것 등이다. 그러나 인간은 또한 이 모든 것들을 즐길 수 있는 능력 또한 갖추고 있으니, 어쩌면 이것이 인간에게 주어진 가장 큰 축복 중의 하나가 아닐까 싶다. 메를로-퐁티는 "나의 몸은 시간과 공간에 스스로를 적응시키면서 그것들을 포용한다. 이러한 포용의 넓이에 따라 나의 실존의 넓이가 결정된다"고 했다. 시인이 존재하는 세계에서 시인을 힘들게 하는 무수한 것들이 있을 때, 시인의 선택은 세계를 끌어들여 체화하고, 그럼으로써 실존의 범위를 확대하는 쪽으로 나아간다. 피할 수 없다면 즐기라고 하는 말에 고개를 끄덕이는 순간, 인간은 인간으로서의 존엄성을 갖게 된다.

"멀리 있어 들리지 않지만/ 말이 눈에" 보이는 감각으로, "가만히 서서 빗소리를 듣기로 했다"고(「수다를 만나다」) 마음을 먹는 일, "골목길을 환하게 만든 이에게 찬사를" 보내고, "컵라면에 소주 한잔은 가난한 자의 페라리"(「면발에 말을 걸다」)라면서, 사소한 것에 감사할 줄 아는 소시민적인 소박함, "가난해서 더 진하게/ 건너뛴 시간이어서 더 빠르게/ 덥석 집어 들어도 후회 없게" "당당히 허물어 버릴 것"(「신전을 허물었다」)이라는 과감함까지. 세계를 탓하고 원망하기보다는 버릴 수 있는 것은 버리고, 버릴 수 없는 것은 껴안고 살아가겠다는 것. 이것이 시인이 듣는 몸의 소리일 것이다. 몸을 '신전'으로 받아들이는 이면에는, 이 세계를 아낌없이 나의 몸으로 받아들이려는 시인의 넉넉함이 작용했을 것이다.

    깜빡하는 순간에 세계는 변한다. 사람이 사라지기도 하고, 자연은 변화하며, 몸의 감각은 예민해지기도 하고 둔해지기도 한다. 그럴 때마다 다시 시작해야겠다고 자신을 추스를 수 있는 힘은 주체적인 몸 안에서 나온다. '비가 내렸다 눈물이 섞여 있었지만 아무도 모'르게 하고 싶은 것은 꿋꿋하고 싶어서였을 것인데, "무엇이 있었으리라 바람이었건 물방울이었건 꼼짝 못 하게 만든 뿌리였건" 뽑히지 않은 나무는 왜 이렇게 단단한 걸까 질문하는 시인은 끝내 "땅에서 멀어지는 시간"에 "허공에는 무엇인가 있다"는 믿음으로, 허공을 닮아가려 한다. "삶은 보고서 요구가 없"으니까(「나무는 단단했다」). 그러니까 시인을 끌고 가는 것은 빈 집이고 허공이고 구멍 같은 것이다. 그런 몸을 응시할 수 있는 것은 "벌레가 들끓고 병들어서 버리자고 한 것을/ 그럴 수는 없다 하고 조심스럽게 닦아주"면서 "극락이란 살아서 꽃피는 것"이라는(「메두사」) 믿음 때문에 가능한 것일 수도 있겠다. 꼽등이가 변기에 빠져서 허우적대고 있을 때 화장지를 풀어서 빠져나올 사다리를 만들어 주는 시인의 따뜻한 심성이 삶에 대한 애정으로, 꿈을 꾸고 싶은 삶으로, 몸을 변화시켜 나가는 것은 아닐까.

저녁으로 라면을 먹는다
편의점에서 김치를 상상하며 단무지를 사왔다
오래도록 사랑받아 맛이 표준화되고
색깔도 황금으로 깔맞춤했다

까탈스러운 입맛에도 탈이 없고
무엇을 먹든 한 조각이면 깔끔한 맛으로 처리되네
값싸고 선택의 고민도 없지
단무지끼리는 경쟁도 없네

고춧가루와 들기름 몇 방울 치면
화려하게 변신도 가능하고
용량도 여러 가지여서 혼자든 서넛이든
골라 담기 쉽네

국물까지 다 비우고
마지막 남은 한 조각 베어 문다
더도 말고 단무지만 같아라
젓가락에 반달로 남은 반쪽을
한참 바라보고 있다

—「단무지만 같아라」 전문

시인이 감각하는 몸의 안과 밖이 단무지 같다면, 이 세계는 어떤 변화를 겪게 될까. 무수한 선택 앞에서 결정장애를 겪지 않아도 되고, 치열한 경쟁도 없으며, 화려하게 자기 변신을 거듭할 수 있다면, 그렇게 하고도 뒤탈이 없는 삶이라면, 누구나 살아볼 만하다 생각하지 않을까 싶다. 아마 평범하게 살고 싶은 시인의 마음이 투영되었을 것이다. 그런 평범함을 추구한다는 것은, 역으로 이 세계는 끊임없는 경쟁과 무너뜨릴 수 없는 격차로 인해 슬픔과 고통이 양산되는 평범할 수 없는 세계임을 보여주는 것이라 하겠다. 반지하방 또는 변두리로 밀려나도, 늘 살던 곳이 그리워 맴도는 꼽등이처럼, 몸의 감각을 무너뜨리는 이 세계로부터 벗어나고 싶은 것이 단지 시인만은 아닐 것이다.

　몸은 신체성이라는 의미도 있지만, 몸 이면에는 숨겨져서 보이지 않는 그 무언가가 있다. 보이지 않아서 확언할 수는 없지만, 보이지 않기 때문에 오히려 믿음이라는 형태로 혹은 예술의 형태로 보고 싶은 것이 인간의 속성일 것이다. 그러니까 몸이란 단순히 몸인 것이 아니라 '어떤 의미'를 지닌 몸인 것이다. 몸을 이해한다는 것은 몸의 안과 밖을 역동적으로 이해해야 한다는 것이고, 끊임없이 변화하는 몸의 안과 밖을 주시함으로써 체험해야 한다는 것이다. 몸을 통해서 나와 세계는 이어져 있고, 보이는 것보다 보이지 않는 세계가 더 많음을 안다면, 우리는 이 세계에 대해 어떤 태도를 취하게 될까. 스스로 자문해 보는 시간이 필요한 시점이다.

  이번 시집은 시인의 다섯 번째 시집이다. 그동안의 시집에서 시인은 자문을 이어왔을 것이고, 앞으로도 계속해서 이어갈 것이다. 삶의 두께는 더 켜켜이 쌓이고, 주름은 더 늘어가고, 그만큼 질문도 더 많아질지도 모른다. 어쩌면, 이제는 더 이상 질문을 멈추고, 허공에서, 빈 집에서, 텅 빈 동굴에서, 더 많은 시간을 보내게 될지도 모르겠다. 이것을 '통찰'이라고 한다면, 이미 이 세계에 내던져진 몸으로서 존재하는 시인은, 시인만의 삶의 형식을 만들어 내었다고 봐도 무방할 것 같다. 지금쯤 시인의 몸은 36.5도를 유지하면서, 잔잔한 몸의 소리를 듣고 있지 않을까. 그리고 그 소리가 음악이 되고 시가 되고 그림이 된다면, 섣불리 게을러지고 섣불리 대충 살아도 좋을 것 같다.

땀이 눈물보다 짜서

초판 1쇄 발행 | 2025년 5월 28일

지은이 | 김영서
펴낸이 | 황규관

펴낸곳 | (주)삶창
출판등록 | 2010년 11월 30일 제2010-000168호
주소 | 04149 서울시 마포구 대흥로 84-6, 302호
전화 | 02-848-3097
팩스 | 02-848-3094

ⓒ김영서, 2025
ISBN 978-89-6655-191-0 03810

* 이 책의 내용의 전부 또는 일부를 재사용하려면
  반드시 지은이와 삶창 양측의 동의를 받아야 합니다.
* 책값은 뒤표지에 표시되어 있습니다.

본 도서는 충남관광문화재단 지원금으로 발간되었습니다.

삶창시선

1	山河丹心	___이기형
2	근로기준법	___육봉수
3	퇴출시대	___객토문학 동인
4	오래된 미신	___거미 동인
5	섬진강 편지	___김인호
6	늦은 오후에 부는 바람	___젊은시 동인
7	아직은 저항의 나이	___일과시 동인
8	꽃비 내리는 길	___전승묵
9	바람이 그린 벽화	___송태웅
10	한라산의 겨울	___김경훈
11	다시 중심으로	___해방글터 동인
12	봄은 왜 오지 않는가	___이기형
13	거미울 고개	___류근삼
14	검지에 핀 꽃	___조혜영
15	저 많은 꽃등들	___일과시 동인
16	참빗 하나	___이민호
17	꿀잠	___송경동
18	개나리 꽃눈	___표성배
19	과업	___권혁소
20	바늘구멍에 대한 기억	___김형식
21	망가진 기타	___서정민 유고시집
22	시금치 학교	___서수찬
23	기린 울음	___고영서
24	하늘공장	___임성용
25	천 년 전 같은 하루	___최성수
26	꽃과 악수하는 법	___고선주
27	수화기 속의 여자	___이명윤
28	끊어진 현	___박일환
29	꽃이 눈물이다	___강병철
30	생각을 훔치다	___김수열
31	별에 쏘이다	___안준철
32	화려한 반란	___안오일

33	펀투	___이장근
34	헛된 슬픔	___박순호
35	거꾸로 가자	___윤재철
36	불량 젤리	___김은경
37	달을 가리키던 손가락	___조동례
38	식물성 투쟁의지	___조성웅
39	혹시나	___함순례
40	실비아 수수께끼	___이진희
41	시월	___이중기
42	사랑의 뼈들	___김수상
43	집에 가자	___김해자
44	정오가 온다	___황규관
45	벽암록을 불태우다	___노태맹
46	국수는 내가 살게	___김정원
47	몸의 중심	___정세훈
48	통증을 켜다	___손병걸
49	물에서 온 편지	___김수열
50	꽃보다 먼저 다녀간 이름들	___이종형
51	벚꽃은 왜 빨리 지는가	___이은택
52	내일은 희망이 아니다	___표성배
53	사랑해요 바보몽땅	___강병철
54	몇 걸음의 고요	___이미경
55	강철의 기억	___이철산
56	검은 잎사귀의 노래	___황재학
57	우리가 너무 가엾다	___권혁소
58	아무도 달이 계속 자란다고 생각 안 하지	___강민영
59	우리는 새로 만난 사이가 되었다	___김영서
60	사라지는 시간들	___김주태
61	오늘은 밤이 온다	___우혁
62	새들은 날기 위해 울음마저 버린다	___김용만
63	벌레 한 마리의 시	___김승립

64	늦은 꽃	___이현조
65	바람을 낳는 철새들	___정선호
66	섬에선 바람도 벗이다	___강덕환
67	광주의 푸가	___박관서
68	이파리 같은 새말 하나	___변홍철
69	붉은색 옷을 입고 간다	___김윤삼
70	분홍달이 떠오릅니다	___박영선
71	기침이 나지 않는 저녁	___박한
72	길을 잃고 일박	___조동례
73	시간을 사는 사람	___송태규
74	낯선 곳에 도착했다	___김영서
75	부추꽃이 피었다	___이재근
76	너무 즐거워 견딜 수 없다는 듯	___이은택
77	쏠 테면 쏘아 봐라	___양기창
78	숨비기 그늘	___김형로
79	가슴이 먼저 울어버릴 때	___박노식
80	겨울나무로 우는 바람의 소리	___조선남
81	너머의 너머	___이강문
82	몸이 기억하고 있다	___이한주
83	순창시장 참기름 집	___오진엽
84	쓰고 싶었던 반성문	___이준희
85	돌배나무꽃은 피었는데	___정낙추
86	골목이 골목을 물고	___최종천
87	날혼	___김수열
88	민주주의 4.4	___함태숙
89	땀이 눈물보다 짜서	___김영서